POSITIVIDAD SANA CON MARCO AURELIO

POSITIVIDAD SANA CON MARCO AURELIO

Reflexiones para cultivar una actitud mental positiva

JANA CAPRI
CHARAN DÍAZ

Filosofía estoica aplicada a la vida cotidiana

DIANA

Obra editada en colaboración con Editorial Planeta – España

Título original: *Stay Positive with Marcus Aurelius*

Maquetación: Realización Planeta

Bajo el sello editorial DIANA M.R.
Avenida Presidente Masarik núm. 111,
Piso 2, Polanco V Sección, Miguel Hidalgo
C.P. 11560, Ciudad de México
www.planetadelibros.com.mx

Primera edición impresa en España: enero de 2024
ISBN: 978-84-1119-117-3

Primera edición impresa en México: septiembre de 2024
ISBN: 978-607-39-1751-3

Impreso en los talleres de Impregráfica Digital, S.A. de C.V.
Av. Coyoacán 100-D, Valle Norte, Benito Juárez
Ciudad de México, C.P. 03103
Impreso en México – *Printed in Mexico*

Sumario

Introducción

Durante una sesión de terapia, un paciente planteó la siguiente pregunta: «¿Cómo se puede mantener la actitud positiva a largo plazo?». Mi respuesta intuitiva, tras años dedicado a la psicología, fue: «La única manera de conservar una actitud positiva es exponernos continuamente a una selecta inspiración positiva, capaz de influir en nuestra manera de pensar, actuar y hablar. El fuego no se apaga echándole leña».

La idea de que la mente es altamente influenciable y que es posible mantener una actitud positiva a largo plazo nos llevó a estudiar los escritos de Marco Aurelio, un gran filósofo estoico y una inspiración para todas las personas que deseen tener una actitud más positiva en la vida.

¿Qué mejor exposición existe que aquella que nos brindan los sabios de nuestra historia, quienes no solo nos dejaron consejos importantes en sus escritos, sino también practicaron lo que predicaron?

En *Positividad sana con Marco Aurelio* combinamos la psicología moderna con la filosofía e ideas de la espiritualidad de todos los tiempos.

Cuando las cosas nos van mal, ya sea debido al amor, al trabajo, a la familia, a otras relaciones o a la salud, los mensajes de Marco Aurelio nos pueden ayudar a enfocar la vida desde otra perspectiva y a elevar nuestra consciencia. Solo con una consciencia elevada puede un individuo autorrealizarse, autotrascenderse y, de ese modo, trascender el sufrimiento que lo aprisiona.

Cómo utilizar este libro

En la página siguiente explicamos las tres partes de que consta cada capítulo: 1) la pregunta o comentario de un/a buscador/a, 2) la respuesta del *coach* Marco Aurelio y 3) una reflexión psicológica.

Con «buscador» nos referimos a todas aquellas personas que se hacen preguntas sobre los misterios de la vida y quieren obtener respuestas basadas en esa sabiduría perenne de Marco Aurelio.

Las respuestas de Marco Aurelio están inspiradas en su obra *Meditaciones* y adaptadas al lenguaje moderno para un mejor entendimiento.

La reflexión psicológica es una propuesta dirigida al lector que tiene la intención de hacer pensar sobre lo expuesto en el capítulo y la resolución a través de la reflexión del filósofo. Las propuestas no son cerradas, sino que se trata más bien de invitaciones para que el lector se plantee cuestiones que le lleven hasta lo más elevado de sí mismo. El lector no debe entender estas propuestas como interpretaciones definitivas de los mensajes, sino como posibles preguntas que se puede plantear y que están relacionadas con el mensaje.

LO INÚTIL

Pregunta/comentario de un buscador
¿Cómo puedo mantener un buen estado de ánimo?

Respuesta de Marco Aurelio (IV-XXIV)
Si quieres estar de buen humor, haz pocas cosas.

La mayor parte de las cosas que piensas, haces y dices no son tan necesarias como crees; si las suprimes, tendrás más tiempo libre y estarás más tranquilo/a.

Hazte las siguientes preguntas continuamente: ¿esto es realmente necesario? ¿Es útil?

Los pensamientos innecesarios llevan a acciones inútiles, entras en un bucle y, entonces, pierdes tu buen humor.

Reflexión psicológica
De lo que has dicho, hecho o pensado hoy, ¿algo ha sido inútil o innecesario? Por ejemplo, ¿cómo puedes desconectar para no darles tantas vueltas a los pensamientos repetitivos que no te llevan a ninguna parte? ¿Cómo podrías hablar y actuar de manera más práctica la próxima vez que se repita una situación frente a la que sueles reaccionar mal?

1. Pregunta o comentario sobre la vida.
2. Respuesta de Marco Aurelio basada en su libro *Meditaciones*. La referencia a la cita original se encuentra entre paréntesis. Ejemplo: IV-XXIV, buscar frase en el capítulo 4, párrafo 24 de *Meditaciones*.
3. Inspiración psicológica para profundizar en el mensaje.

Cómo sacar el máximo provecho de este libro

Te recomendamos que recurras a este libro siempre que:

- Estés atravesando un período difícil en tu vida.
- Busques inspiración positiva.
- Necesites más paz mental, controlar la ansiedad, la ira, la tristeza, etc.

Puedes escoger en el sumario el nombre del capítulo que más te inspire o abrir el libro al azar y ver qué mensaje aparece.

Los grandes sabios de la historia de la humanidad, como Séneca, Sócrates, Marco Aurelio, Epicteto o Buda, nos dan a entender que cultivar la actitud deseada no es cosa de días, meses o años, sino un trabajo para toda la vida.

A pesar de ello, siempre vale la pena hacerlo.

1

Caminos con corazón

Pregunta/comentario de un buscador
¿El fin justifica los medios? A veces tengo que hacer cosas que no me gustan, pero que son necesarias.

Respuesta de Marco Aurelio (VIII-V)
Recuerda que, ante todo, tu deber es ser siempre una buena persona. Cuando tengas retos que cumplir o problemas que solucionar, no permitas que dichos retos puedan contigo o te dobleguen. Busca siempre la solución más humana: aquella que te permita ser una persona buena, modesta, sincera y justa.

Reflexión psicológica
Es bueno tener un objetivo, pero debe ser un objetivo coherente con la humanidad (la capacidad de sentir compasión o solidaridad hacia los demás, respetando los valores humanos).

¿Te has propuesto objetivos significativos en tu vida? Nicolás Maquiavelo no tenía razón: el fin no justifica los medios. La manera humanizada, amable y compasiva con la cual llegas a conseguir un objetivo es más importante que el objetivo en sí. Necesitas tener la conciencia tranquila al final del día.

Analiza y examina tu vida: ¿hay algo que actualmente estás intentando conseguir pero que hace sufrir a otras personas o que te roba tu paz mental?

Como decía Carlos Castaneda, de todos los caminos, en realidad ninguno lleva a ninguna parte. Pero hay caminos con corazón y caminos sin corazón.

2

El primer paso es querer

Pregunta/comentario de un buscador
¿Qué puedo hacer para ser feliz y no sentir frustración? Me siento muy perdido/a.

Respuesta de Marco Aurelio (VII-LXVII)
Se necesita muy poco para ser feliz. Quizá al echar un vistazo a tu vida pienses: «Ya tengo mucha edad y no soy famoso/a ni tengo dinero, y tampoco he conseguido nada importante en mi vida». Sigue aprendiendo y trabajando en tus valores humanos, en la calidad de tus relaciones y en tu espiritualidad o libertad interior. Esa es la clave para ser feliz y, además, es gratis.

Reflexión psicológica
¿Te gustaría mejorar algo en tu vida? ¿Quieres mejorar algún aspecto relacionado con tu trabajo, tu familia, tu pareja, tu salud o el dinero?

Para cambiar algo, primero es necesario querer cambiar. Por ejemplo, imagina que alguien le dice a un amigo: «No puedo dejar de fumar». En ese mismo instante, un psicólogo le oye y le ofrece terapia gratuita para dejar el tabaco. Y el fumador se apresura a responder: «Pero... ¡yo no quiero dejar de fumar!».

Para conseguir cualquier cosa en la vida, antes tienes que desearlo. Si de verdad deseas mejorar tu vida, seguro que antes o después encuentras la manera de conseguirlo. Como dice Marco Aurelio, para ser feliz se requieren pocos conocimientos. No hace falta que tengas un doctorado, solo tienes que querer cambiar.

3

Mentalidad de aprendizaje

Pregunta/comentario de un buscador

Ya tengo cierta edad y bastante experiencia en la vida, no necesito que nadie me dé lecciones.

Respuesta de Marco Aurelio (XI-XXIX)

No existe nada que sepas hoy que no hayas aprendido antes siendo aprendiz o alumno/a. Es necesario que comprendas que, en la vida, para convertirse en un maestro antes tendrás que ser un humilde aprendiz.

Reflexión psicológica

La mentalidad de aprendizaje es un trampolín para tu crecimiento. Cuando presumes de saberlo todo, en realidad estás más limitado y escuchas menos todo aquello que te rodea. Cuando tu intención es aprender, observas y escuchas a tu entorno y, de ese modo, percibes mejor la realidad y aciertas más con tus acciones.

¿Recuerdas alguna ocasión en la que gracias a tus deseos de aprender mejoraste alguna habilidad?

La mentalidad de aprendizaje y crecimiento te ayuda a ser más feliz y a tener mayor libertad para reaccionar ante lo que te sucede.

La universidad de la vida quiere que siempre tengas ganas de aprender. Tú eliges.

4

Hacer lo correcto

Pregunta/comentario de un buscador

¿Qué puedo hacer para resistirme a la influencia de los demás cuando me llevan por mal camino?

Respuesta de Marco Aurelio (XII-XVII)

Si algo no está en concordancia con tus valores, no lo hagas. Tú mismo/a debes analizar la situación y decidir qué es lo correcto.

Reflexión psicológica

En el fondo tú ya sabes lo que está bien y lo que está mal. Un ser humano adulto sano sabe, como mínimo, que no debe hacer a otros lo que no desea para sí mismo. Aunque a veces nos gusta «hacernos los tontos» o fingir que no sabemos muchas cosas.

Lo que piensas, haces y dices en este momento de tu vida, ¿te parece lo suficientemente ético o es mejorable?

¿Qué te impide aquí y ahora mejorar algún aspecto de tu vida para hacer lo que consideres más correcto, más humano? ¿Qué puedes cambiar hoy para estar más cerca de vivir una vida con alma?

Es muy difícil ser feliz sin valores humanos.

5

La bondad

Pregunta/comentario de un buscador

El mundo es injusto. ¿Por qué a las personas buenas no se nos premia más? Hago muchas cosas por los demás y no siempre se me valora.

Respuesta de Marco Aurelio (IX-XLII)

No esperes nada a cambio ni busques recompensa cuando hagas algo bueno por los demás. Sería tan extraño como si tus pies te pidieran una recompensa por caminar o tus ojos por ver.

La naturaleza del ser humano es hacer el bien, y para eso has nacido. Cuando eres una buena persona estás en sintonía con tu esencia. No esperes recibir un premio por ello, trata de ser una buena persona de manera espontánea y natural.

Reflexión psicológica
La bondad forma parte de tu naturaleza. De acuerdo con investigaciones sobre la psicología positiva, cuando eres bueno eres más feliz, y cuando eres más feliz en general deseas ser más bueno.

¿Alguna vez has hecho algo bueno por otra persona sin esperar nada a cambio? ¿Cómo te sentiste después?

6

Correr tras lo efímero

Pregunta/comentario de un buscador

Puede que suene egoísta, pero lo más importante para mí son las cosas y las personas que me rodean: mis posesiones, mi casa, mi coche, las personas queridas, etc. Todo lo demás no me importa mucho.

Respuesta de Marco Aurelio (IV-III)

Observa la rapidez con la que pasa la vida. Antes de que tú existieras ya existía la eternidad, y seguirá existiendo cuando te vayas de este mundo. Desde esta perspectiva, todo lo demás pierde importancia (el resto de las personas, tus posesiones, tus problemas...). Somos seres temporales con problemas temporales.

Reflexión psicológica

Vivimos en un mundo líquido donde todo cambia constantemente. Un mundo en el que estamos «infoxicados», intoxicados por el exceso de información siempre cambiante. Un mundo incierto, inestable y caótico.

¿Cómo encuentras la estabilidad y la serenidad en este mundo? ¿Buscas la serenidad agradando a los demás? ¿La buscas en el dinero, en el poder, en los viajes o en las cambiantes experiencias placenteras?

¿Por qué correr detrás de lo vacío, efímero y carente de sentido si la vida cambia en un instante, y perderás y tendrás que dejar atrás todo eso rápidamente?

Busca serenidad en tu interior. La puedes buscar, por ejemplo, en la meditación o en aprender recursos psicológicos. De este modo, nada externo perturbará tu paz.

7

Tómatelo con filosofía

Pregunta/comentario de un buscador

Tengo un problema importante que me genera mucha ansiedad. ¿Qué puedo hacer para llevarlo mejor y no sentir tanto estrés?

Respuesta de Marco Aurelio (IV-III)

Recuerda estos dos puntos que te ayudarán a sentirte más libre y a relajarte más:

1. Lo que realmente te hace sufrir es tu opinión, lo que piensas tú sobre ti, tu opinión sobre los demás, sobre la vida y sobre tus problemas. La vida es objetiva y externa, pero tu opinión interna es subjetiva y te puede hacer sufrir si no la gestionas bien.
2. Todo lo que ves y te sucede está cambiando constantemente y desapareciendo (transfor-

mándose). Seguro que has visto cambiar y transformarse muchas cosas a lo largo de tu vida. La calidad de tu vida depende de cómo gestiones tu opinión sobre todo lo que cambia y se transforma a tu alrededor (el modo de ver y juzgar lo que te sucede).

Reflexión psicológica

Todo lo que te hace sufrir depende de tu manera de enfocarlo, de tu opinión y de tu capacidad para digerirlo. Aprender a tomarte lo que te sucede con filosofía y optimismo te mantendrá siempre mejor relacionado con tu vida, y tendrás el alma más predispuesta a conseguir cosas buenas.

Piensa en algo que te moleste, o que te genere estrés o ansiedad en este momento de tu vida. ¿Es realmente el hecho, la situación en sí misma, la que te perturba?, ¿o lo que te hace sentir mal es solamente la opinión que tienes sobre esa situación?

8

Lo inútil

Pregunta/comentario de un buscador
¿Cómo puedo mantener un buen estado de ánimo?

Respuesta de Marco Aurelio (IV-XXIV)
Si quieres estar de buen humor, haz pocas cosas.

La mayor parte de las cosas que piensas, haces y dices no son tan necesarias como crees; si las suprimes, tendrás más tiempo libre y estarás más tranquilo/a.

Hazte las siguientes preguntas continuamente: ¿esto es realmente necesario? ¿Es útil?

Los pensamientos innecesarios llevan a acciones inútiles, entras en un bucle y, entonces, pierdes tu buen humor.

Reflexión psicológica
De lo que has dicho, hecho o pensado hoy, ¿algo ha sido inútil o innecesario? Por ejemplo, ¿cómo puedes

desconectar para no darles tantas vueltas a los pensamientos repetitivos que no te llevan a ninguna parte?

¿Cómo podrías hablar y actuar de manera más práctica la próxima vez que se repita una situación frente a la que sueles reaccionar mal?

9

La fuerza interior

Pregunta/comentario de un buscador
Me siento sin ánimos ni fuerzas para hacer lo que debo hacer.

Respuesta de Marco Aurelio (VI-XXIX)
Es una pena que en este momento de tu vida, en el que tu cuerpo aún no te falla, tu alma se rinda antes que el cuerpo.

Reflexión psicológica
¿Para qué sirve tu fuerza de voluntad si no la utilizas? La voluntad es un músculo que se fortalece cuando se utiliza de manera sistemática. Depende de ti encontrar tu fuerza interior, aquello que te inspira y eleva tu vida. Y aprender a alimentar su fuego a diario es tu responsabilidad. ¿Qué eres, un cuerpo o un alma?

10

La conciencia tranquila

Pregunta/comentario de un buscador
¿Cómo se puede mantener la tranquilidad en un mundo en el que se debe convivir con tanta gente con malas intenciones?

Respuesta de Marco Aurelio (VI-XLVII)
Céntrate en lo más importante: vive siendo una persona honesta contigo misma y con los demás. Sé buena persona. Y desarrolla tolerancia con respecto a las personas mentirosas e injustas a las que no puedas evitar. No permitas que su comportamiento tóxico influya en tu existencia.

Reflexión psicológica
Imagina que viajas a un mundo donde solo existen los mentirosos e injustos. ¿Acaso por vivir entre ellos debes olvidar tus valores y tu conciencia? En nuestro

día a día nos encontramos con todo tipo de personas. Algunas son una buena influencia para nosotros, otras no. Es importante que no comprometas tus principios debido a las malas influencias, ya que nadie puede negar el valor de tener una conciencia tranquila.

11

El secreto del buen vivir

Pregunta/comentario de un buscador
¿Me puedes dar un consejo para que no me afecten tanto las cosas que suceden en mi vida?

Respuesta de Marco Aurelio (XI-XVI)
El potencial para vivir de la mejor manera radica en el alma, y la calidad de tu interior depende de ti.

Suceda lo que suceda en tu vida, se trata de algo externo, inmóvil, no te ha sido impuesto y no tienes por qué juzgarlo.

Deja la página de tu interior en blanco y, si aparece algún juicio, bórralo al instante.

Reflexión psicológica
Dime lo que amas y te diré quién eres. ¿Dónde se enfoca tu atención la mayor parte del día? Hay gente preocupada por su ropa, su casa, su prestigio, la ri-

queza, el sexo, la comida, su serie favorita... y ese es su contenido mental.

Tu mente te acompaña las veinticuatro horas del día y los siete días de la semana. Pero ¿puedes apreciar el valor de tu vida cuando recuerdas que no eres eterno y que nada lo será? Si pensar eso no es suficiente para que te centres en el alma de todas las cosas, nada lo será. Una pregunta que puede ayudarte en muchas situaciones de la vida es: ¿qué es lo más importante de todo este asunto?

12

La naturaleza de las cosas

Pregunta/comentario de un buscador

Muchas veces acabo sufriendo porque no entiendo el motivo por el cual algo ocurre. Por ejemplo, por qué alguien se enfada conmigo o por qué me toca a mí hacer algunas tareas.

Respuesta de Marco Aurelio (XII-X)

No siempre es posible entenderlo todo. Adopta un punto de vista objetivo. Observa las cosas tal y como son de verdad, analiza su causa, su relación y su materia. Al ganar objetividad te sentirás mejor.

Reflexión psicológica

Todo está interrelacionado. Comprender eso puede ayudarnos a descubrir la naturaleza multicausal de nuestro bienestar. Las interpretaciones que haces sobre lo que ocurre en tu vida, tus pensamientos, tus emociones, tu actitud y tu comportamiento están interrelacionados, y no existen por separado. Para entender cierto tipo de comportamiento debemos analizar los pensamientos que lo acompañan.

Piensa en la última vez que actuaste mal, ¿puedes recordar los pensamientos y las emociones que te llevaron a actuar así? ¿Y qué pensamientos y emociones predominaban la última vez que recuerdas haber actuado con amabilidad y paciencia?

13

La chispa interior

Pregunta/comentario de un buscador
No me interesa la espiritualidad, no entiendo para qué sirve.

Respuesta de Marco Aurelio (III-XIII)
Los médicos siempre tienen a mano los instrumentos y los aparatos necesarios para una intervención de emergencia. Ten tú a mano siempre la capacidad de cuidar de tu parte divina (espiritual) y de lo humano (terrenal).

Recuerda siempre que, incluso en lo referente a pequeños asuntos, existe una relación entre la espiritualidad y lo mundano.

Todo lo que consigas en lo terrenal debe tener su correspondencia con el cuidado de tu ámbito espiritual.

Reflexión psicológica

Un fuego no se apaga echándole leña. Ante muchos problemas materialistas y mundanos sueles olvidarte de lo más sagrado para ti, aquello que más valoras o amas en tu vida. Si de manera sistemática te rodeas de gente que te resulta inspiradora, lees obras o textos que te animan y te expones a visualizar aquello que te eleva interiormente, ¿se apagará tu chispa o fuerza interior mientras sigas echándole leña?

14

El origen de todo

Pregunta/comentario de un buscador

¿Tiene sentido creer en Dios o en algún otro ser o entidad superior?

Respuesta de Marco Aurelio (VI-XXXVI)

Reflexiona sobre lo que es el origen de todo. Tu propósito como ser humano y tu autorrealización puede que radiquen en aprender a percibir dicho origen espiritual en todo lo demás.

Reflexión psicológica

Muchas veces estamos tan centrados en nuestras vidas que olvidamos reflexionar sobre el motor que todo lo mueve.

La mayoría de los grandes sabios y filósofos de la historia de la humanidad consideran inútil una existencia que no dedica tiempo a la meditación ni a reflexionar de manera seria sobre aquello que mueve el universo, lo que eras antes de nacer y serás después de morir.

Si un hijo olvida relacionarse con su Padre y desconoce cómo reunirse con él, no sabrá qué hacer cuando más lo necesite.

¿Qué práctica espiritual puedes incorporar a tu vida para vivir una vida más plena?

15

Conócete a ti mismo

Pregunta/comentario de un buscador
¿Cómo puedo preocuparme menos?

Respuesta de Marco Aurelio (VII-XVII)
Tu felicidad consiste en sintonizar con tu *daimon* (sabiduría interior). No dejes que tu estabilidad se altere debido a tu imaginación. Si te preocupas por problemas que aún no han sucedido, mejor piensa: ¡fuera de aquí, imaginación! No me distraigas inventando preocupaciones, no me enfado contigo, pero vete.

Reflexión psicológica
La felicidad depende de descubrir tu verdadera identidad. Tú no eres tu trabajo, tus posesiones ni aquello con lo que sueles identificarte. Somos un alma y no la conocemos lo suficiente como para ser permanentemente felices.

La imaginación es un arma de doble filo, y mal utilizada nos confunde. La preocupación excesiva o la ansiedad son errores de la imaginación. También lo son la depresión y otros tipos de estrés emocional, debido a los cuales solemos dar demasiada urgencia o importancia a las cosas, exagerar y exigirnos demasiado a nosotros mismos, a los demás o a la vida.

Solo comprendiendo quién eres realmente, más allá de las etiquetas habituales, y teniendo fe en el sentido de la vida, empezarás a comprender en qué consiste la felicidad de la que hablan los filósofos.

Conócete a ti mismo/a, sé optimista, hazlo lo mejor posible, no te estreses y olvídate del resto.

16

Tu jardín interior

Pregunta/comentario de un buscador

¿Cómo puedo tener una actitud más positiva en la vida?

Respuesta de Marco Aurelio (VIII-XLIII)

A mí me gusta cultivar mi sabiduría interna. Aprende a apreciar y mirar con bondad la realidad, y a las personas. Así, tendrás una buena perspectiva para atribuir a cada cosa el valor que realmente tiene.

Reflexión psicológica

¿Se puede desear algo mejor que un buen ambiente o clima interior? Imagina que mañana hace un día precioso, luce un fantástico sol de verano, la gente sonríe y estás rodeado de belleza..., pero en tu interior estás de mal humor y todo te parece una basura.

Si aprendes a cuidar y conservar tu «jardín interior» en óptimo estado, aunque mañana sea un día nublado y lluvioso y los demás estén enfadados, como tu «clima interno» es bueno, para ti todo estará razonablemente bien. Entonces, te resultará más fácil estar contento/a y tranquilo/a, y te relacionarás mejor con los demás.

Cada día, observa y diferencia la mentalidad que te perjudica de la que te beneficia para disfrutar de tu jardín interior a pesar de las dificultades externas.

17

Lo que te mueve

Pregunta/comentario de un buscador

Admito que le doy bastante importancia a mi cuerpo.

Me entreno, cuido mi aspecto, me visto bien... ¿Acaso es malo?

Respuesta de Marco Aurelio (X-XXXVIII)

No confundas jamás tu espíritu con el recipiente que lo contiene, con los miembros o los órganos que le proporcionan una forma física. Tu cuerpo es un instrumento y, sin tu alma, no tiene más utilidad que la tela sin la tejedora, la pluma sin el escritor o el volante sin el conductor.

Recuerda que lo importante está en tu interior.

Reflexión psicológica

Si te identificas con tu cuerpo, con tus opiniones, tus emociones o con lo que posees, tienes un problema porque todo eso es cambiante.

Es mejor que pongas tu energía y tu empeño en aquello que no cambia, o en lo que depende solo de ti. Por ejemplo, tu espíritu de lucha depende de ti. Tu voluntad de ser mejor persona depende de ti. Lo que haces para animarte cuando estés triste depende de ti. Lo que te mueve no es tu cuerpo, sino el espíritu que tú alimentas.

Piensa en algo que depende de ti y sobre lo que podrías actuar para mejorar tu vida, o para conseguir algún objetivo que te hayas propuesto. Al mismo tiempo, piensa en aquello que no depende de ti en absoluto.

18

Tu valor verdadero

Pregunta/comentario de un buscador
¿Cómo puedo evitar tener tantos altibajos emocionales en mi vida?

Respuesta de Marco Aurelio (XII-XIX)
Es hora de darte cuenta de que tienes en tu interior algo más poderoso y divino que lo que mueve tus pasiones y te hace bailar a su son.

Reflexión psicológica
Puedes empezar por apreciar todo lo bueno que ya existe en ti y descubrir que puedes conseguir cosas maravillosas en tu vida.

Eres más que tus emociones y pasiones, ya que tienes la capacidad de pensar, de discernir, de analizar y de evaluar. No dejes que tus emociones te dominen y te agiten como a un muñeco, tal y como nos aconseja Marco Aurelio.

¿Hay algún aspecto de tu vida con respecto al cual deberías usar más tu razonamiento y tu sano juicio, y no dejarte llevar tanto por tus emociones?

19

Los sabios

Pregunta/comentario de un buscador
¿Cómo puedo ser la mejor versión de mí mismo/a?

Respuesta de Marco Aurelio (IV-XXXVIII)
Observa con atención los principios que guían a los sabios para entender qué evitan y qué persiguen.

Reflexión psicológica
¿Quién es sabio para ti y qué desea ese sabio? La historia de la humanidad tiene miles de ejemplos de «sabios», como Sócrates, Buda, Confucio, Lao-Tse, Platón, Séneca, Epicteto o Marco Aurelio. ¿Qué deseaban ellos?

¿Acaso no buscaban lo mejor de la vida? ¿Acaso no se puede aprender de sus valores y optimismo para tomarte las cosas con más serenidad y menos drama? ¿Acaso si tratas de imitarlos no serás mejor ser humano?

Si no nace en ti desear más sabiduría de manera natural, al menos podrías intentar aprender de los sabios para ser más feliz y sufrir menos.

20

Ojo por ojo

Pregunta/comentario de un buscador
Dicen que la venganza es dulce.

Respuesta de Marco Aurelio (VI-VI)
La mejor manera de defenderte de las personas que te ofenden es no parecerte a ellas.

Reflexión psicológica
Si actúas en función del «ojo por ojo», ¿serás diferente que esa persona que actuó en tu contra? Gandhi dijo: «Ojo por ojo y el mundo acabará ciego». Según Mirdad, vivimos para aprender a amar y amamos para aprender a vivir.

Entonces, la mejor defensa será aprender a amar y a perdonar. Pero no por ello debemos dejarnos maltratar ni consentir comportamientos abusivos. Podemos tener compasión, pero conservando nuestro bienestar.

21

No es nada personal

Pregunta/comentario de un buscador
¿Qué puedo pensar o hacer para no tomármelo todo tan a pecho?

Respuesta de Marco Aurelio (IX-IV)
El que comete una falta, la comete contra sí mismo. El que comete una injusticia, se daña a sí mismo.

Reflexión psicológica
A menudo, cuando nos critican o insultan nos lo tomamos como algo personal. También cuando alguien actúa contra nosotros o cuando creemos no recibir un trato justo nos lo solemos tomar como algo personal. Sentimos injusticia y desgracia, nos percibimos a nosotros mismos como la víctima de la situación.

Sin embargo, Marco Aurelio nos dice que aquel que actúa mal se hace daño a sí mismo. Aquel que intenta dañar a otro solo se daña a sí mismo. Cada pensamiento, palabra y acto vuelve como un bumerán a la persona que ha pensado, hablado o actuado mal.

¿Alguna vez te has sentido mal por algo que parecía ir en tu contra, pero que en realidad no tenía nada que ver contigo?

22

La amabilidad y la compasión

Pregunta/comentario de un buscador

Hay gente muy ignorante en el mundo. ¿Cómo puedo relacionarme con personas así?

Respuesta de Marco Aurelio (II-XIII)

En ocasiones, también debes sentir compasión por esas personas que han perdido el rumbo en sus vidas, ya que son como un ciego que no puede distinguir lo blanco de lo negro. Su ignorancia les impide diferenciar entre el bien y el mal.

Reflexión psicológica

Vivimos en una época en la que la gente tiene el amor desordenado, como decía san Juan de la Cruz. Eso quiere decir que la jerarquía de los valores de la mayoría de la gente lleva a más sufrimiento y a menos paz mental, sabiduría y bienestar. La gente malgasta su vida persiguiendo objetivos como el dinero, el poder o experiencias placenteras para, más tarde, descubrir que ha desperdiciado la vid persiguiendo aquello que no le daría una plenitud y felicidad interior duradera.

Marco Aurelio nos dice que por eso son tan importantes la amabilidad y la compasión por todo el mundo. Todos somos almas en lucha, todos experimentamos situaciones de sufrimiento que no podemos imaginar. Como dijo Jesús, «Padre, perdónalos, porque no saben lo que hacen».

23

¿A quién le haces caso?

Pregunta/comentario de un buscador

Me preocupo demasiado por lo que piensen los demás. ¿Cómo puedo alcanzar un mayor nivel de autoestima en este sentido?

Respuesta de Marco Aurelio (XII-IV)

¿Acaso podrás decir que te respetas a ti mismo/a si le das más importancia a la opinión de los demás que a la tuya propia?

Reflexión psicológica

¿Por qué hacerle más caso a lo que piensan los demás sobre ti cuando eso te limita y desanima a conseguir cosas buenas en tu vida y mirarte con amor a ti mismo/a? Recuerda alguna situación en tu vida en la que te sentiste rechazado/a (por tu pareja, padres, un amigo, en un trabajo, etc.). ¿Qué has aprendido de esa experiencia?

24

La escucha

Pregunta/comentario de un buscador

Tengo que relacionarme con personas que son muy diferentes a mí. No hay química, no nos entendemos.

¿Qué puedo hacer para conectar mejor con ellos/ellas?

Respuesta de Marco Aurelio (VI-LIII)

Acostúmbrate a escuchar con mucha atención lo que dicen los demás, e intenta adentrarte en el espíritu del que habla.

Reflexión psicológica

Imagina a alguien que, al final del verano, le pregunta a su compañero o compañera de trabajo qué tal le han ido las vacaciones. Pero antes de escuchar la respuesta, empieza a contar sus propias vacaciones. Ese compañero o compañera descubrirá, con decepción, que la pregunta solo era una trampa para que el otro pudiera vaciar su contenido mental vacacional bajo la falsa excusa de querer escuchar. Lo que realmente quería esa persona es que alguien la escuchara.

La auténtica escucha exige atención, concentración, interés verdadero y empatía. Cuando escuchas a alguien, ¿eres consciente del objetivo de la comunicación de la otra persona? Tal vez esa persona solo quiere desahogarse, obtener reconocimiento o tener a alguien a su lado. Todo el mundo aprecia la escucha verdadera.

¿Te acuerdas de alguna conversación que tuviste con alguien cuando te sentiste realmente escuchado/a?

¿Qué hizo que te sintieras así?

25

Después de la muerte

Pregunta/comentario de un buscador
¿No te parece terrorífica la idea de la muerte?

Respuesta de Marco Aurelio (II-XI)
Dejar este mundo no es nada terrible. Si existe el mundo espiritual, no te sucederá nada malo. Pero si no existe lo Divino, o los humanos no importamos, ¿qué importa dejar un mundo vacío y sin sentido espiritual?

Reflexión psicológica
Marco Aurelio nos ofrece un pensamiento para ganar serenidad sobre un tema que en nuestra sociedad occidental se ha convertido casi en un tabú: la muerte.

Nos invita a reflexionar sobre la idea de que solo hay dos opciones. Una es que existe algo más cuando nos morimos (algo a lo que los filósofos dedicaban toda su vida, investigando mediante prácticas a las que llamaban iniciación a los misterios de la vida y de la muerte). La segunda alternativa es que no existe nada.

Si no existe nada, ¿por qué preocuparte? Según Marco Aurelio, un mundo en el que no existe nada es un mundo de alguna forma sin sentido. Y si existe algo, deberías actuar en esta vida como les gustaría a los dioses, o a Dios, si te estuvieran mirando constantemente. Actúa de modo que, si un día tienes que encontrarte cara a cara ante Dios, sea un encuentro agradable.

26

El orden perfecto

Pregunta/comentario de un buscador

A veces pienso que la vida no tiene sentido.

Respuesta de Marco Aurelio (II-III)

Tú formas parte de algo superior a ti llamado naturaleza o vida. En nuestra existencia suceden cosas que, aunque no las entendamos, ocurren para conservar el orden perfecto de dicho conjunto superior.

Todo lo que ocurre contribuye a un bien superior y tiene un sentido.

Reflexión psicológica

Todo en este mundo está relacionado, entrelazado. Nada ocurre por azar, todo está en un orden perfecto que no somos capaces de comprender. Entonces, ¿no será mejor tener fe en ese orden y confiar en que todo lo inevitable es tal y como debería ser?

La vida tiene sentido independientemente de que tú creas en él o no.

27

El tiempo de tu vida

Pregunta/comentario de un buscador

Prefiero pensar que me queda aún mucho tiempo de vida. Nadie quiere pensar en la muerte.

Respuesta de Marco Aurelio (II-XI)

Recuerda que no vivirás eternamente: actúa, habla y piensa como si estuvieras a punto de marcharte de esta vida. De ese modo, tendrás más claras tus prioridades y gestionarás mejor tu tiempo.

Reflexión psicológica

¿Qué harías si supieras con certeza que te queda poco tiempo de vida? ¿Cómo tratarías a tus seres queridos? ¿Cómo cambiarían tus prioridades?

Vive cada día como si fuera el último, y da prioridad a lo que realmente importa en la vida.

28

Interpreta tu mejor papel

Pregunta/comentario de un buscador
¿Qué puedo hacer para aceptar mejor la incertidumbre en medio de mis crisis?

Respuesta de Marco Aurelio (IV-XXVI)
Lo que te sucede no depende de ti. Acepta todo lo que te sucede y que no puedes controlar, ya que todo ha sido predestinado por la «naturaleza universal». Mejor céntrate en la parte positiva que tú puedes aportar para solucionar cada crisis.

Reflexión psicológica
Sencillamente, eres el intérprete de un papel que te ha asignado el «director». Tú no escribes la obra, tampoco conoces el guion completo ni tienes la capacidad para escribirlo. Eres solo un actor entre una multitud de actores.

¿Crees que la obra cambiará solo porque no te gusta la escena que te ha tocado? Cuando no puedes cambiar lo que sucede, siempre puedes elegir tu reacción y tu mejor manera de enforcarlo, y pensar en ello. Eso lo cambiará todo.

No eres el director, pero sí eres el protagonista de la película. Interpreta tu mejor papel.

29

Abraza todo lo que te sucede

Pregunta/comentario de un buscador
¿Acaso aceptar mi destino no es conformismo negativo? No creo que las cosas malas que me pasan tengan algo positivo.

Respuesta de Marco Aurelio (V-VIII)
Cuando aceptas lo que te ofrece el destino y tratas de cooperar con lo inevitable, lo haces con la esperanza de evolucionar, ya que todo lo que te sucede tiene un sentido, aunque no lo entiendas.

¿Te serviría de algo resistirte a tomar la medicina que te ofrece un médico para mejorar tu salud? Del mismo modo que un médico te puede recomendar ciertas actividades y medicinas desagradables con el fin de que mejores, las circunstancias desagradables que te pone la vida/el universo también tienen un propósito. Deberías tomártelas pensando en que te ayudarán a mejorar como ser humano.

Reflexión psicológica

Como afirmaba el padre Pío de Pietrelcina: «Una madre está bordando. Su hijo, sentado en un pequeño taburete, contempla su trabajo pero al revés, viendo los nudos del bordado, y los hilos revueltos. Y dice: "mamá, ¿se puede saber qué haces? ¡Tu trabajo no se ve claro!". Entonces, la madre baja el bastidor y enseña a su hijo la parte buena del bordado. Cada color está en su sitio y la variedad de los hilos se ajusta a la armonía del dibujo».

¡Se trata exactamente de eso! Nosotros vemos el reverso del bordado; estamos sentados en un taburete bajo.

¿Cómo mejoraría tu vida si tuvieras más fe en todo aquello que no comprendes? ¿Cómo serías si tuvieras mayor confianza en tus capacidades de aceptar, aprender, crecer y evolucionar?

30

Aquello que no depende de ti

Pregunta/comentario de un buscador
Me da pánico todo lo que no depende de mí: que me deje mi pareja, que me despidan del trabajo, enfermar...

Respuesta de Marco Aurelio (V-XXXV)
Hazte la siguiente pregunta: si lo has hecho lo mejor posible y con la mejor intención posible, pero incluso así te sucede algo malo, ¿por qué deberías preocuparte?

Reflexión psicológica
Si lo que sucede no depende de ti, acéptalo. Dependes mucho más del azar de lo que crees. ¿Qué sentido tiene entonces culparte por lo que no puedes controlar?

¿No será mejor que pongas toda tu energía y esfuerzos en lo que sí depende de ti?

¿Hay algún asunto de tu vida que te preocupa, pero que no depende de ti?

31

Las cosas son como son

Pregunta/comentario de un buscador
Hay cosas de mi cuerpo y de mi personalidad que me cuesta aceptar.

Respuesta de Marco Aurelio (VI-XXXIX)
Acostúmbrate a lo que el destino ha elegido para ti.

Reflexión psicológica
Como dice Jesús, hasta los cabellos de nuestra cabeza están contados. El mismo mensaje nos ofrece un proverbio hindú que cuenta que cada grano de arroz tiene escrito el nombre de la persona que se lo tiene que comer. Mientras, una actitud zen nos presenta el siguiente enfoque: si comprendes, las cosas son como son; si no comprendes, las cosas son como son.

Sin embargo, nos dejamos llevar por la ilusión del

control creyendo que podemos cambiar muchas cosas.

¿Qué actitud te podría ayudar a aceptar todo lo que te pasa en la vida?

32

La crítica ajena

Pregunta/comentario de un buscador
Me ofendo muy fácilmente con las críticas de la gente. ¿Qué puedo hacer?

Respuesta de Marco Aurelio (IV-XI)
Cuando alguien te ofenda, no interpretes las cosas según las interpreta esa persona ni dejes que cambie tu propia opinión. Limítate a mirar las cosas de manera objetiva como realmente son.

Reflexión psicológica
No deberíamos dejarnos influir por las opiniones ajenas que tienen ánimo de ofender. Si permaneces tranquilo/a frente a una situación así y eres paciente, solo habrá un tonto. Pero si te dejas llevar por tu rabia y reaccionas desde la agresividad, habrá dos tontos.

Si un loco de un manicomio te alaba diciendo que

eres Dios o te insulta diciendo que eres Satanás, ¿le harás caso? Puedes adoptar el mismo punto de vista en la vida real cuando alguien intente ofenderte gratuitamente. Si das demasiada importancia a las críticas ajenas, entonces esas críticas se volverán demasiado importantes para ti. ¿Qué eliges?

33

La paz mental

Pregunta/comentario de un buscador

Soy una persona muy ambiciosa, me gustaría tener una carrera llena de éxitos y reconocimiento en el trabajo para poder permitirme todos los caprichos y placeres que me apetezcan, y no tener que privarme de nada.

¿Acaso eso es malo?

Respuesta de Marco Aurelio (VI-LI)

El que adora la fama depende de lo que otros hagan o digan sobre su persona. El que adora el placer depende de sus pasiones. El que adora la sabiduría depende de sus propias acciones.

Cuidado con lo que persigues. Solo cuando busques el autoconocimiento y la sabiduría, conseguirás autorrealizarte y ser realmente libre.

Reflexión psicológica

¿Cómo puedes ganar sabiduría y paz mental: con la ayuda de otros, satisfaciendo tus pasiones o con dinero?

Es importante entender qué es la felicidad para ti y cómo intentas ser feliz. A veces creemos que, si tenemos éxito profesional, seremos felices. O si fuéramos ricos, o si tuviéramos un hijo... entonces seríamos felices. Pero ¿acaso no hay gente que tiene éxito profesional, es rica, tiene hijos y sigue sintiéndose frustrada, vacía e infeliz? Eso les ocurre porque busca la felicidad en el lugar equivocado: la busca en el exterior en vez de buscar en el interior. Como dijo el dalái lama: «La paz mental y la sabiduría tienen que ser creadas por ti mismo».

¿Quién prefieres ser: una persona ambiciosa y lujuriosa, o alguien con paz mental? La elección depende de ti.

34

Agradar a los demás

Pregunta/comentario de un buscador

Me he sacrificado mucho por los demás y ahora me doy cuenta de que me cuesta priorizarme a mí misma/o.

Respuesta de Marco Aurelio (VII-XXXIV)

Fíjate en lo curiosa que es la mente. Al observar la naturaleza de los pensamientos de los demás fíjate en cómo son las personas, qué cosas evitan y qué cosas persiguen, y cómo gastan su energía en ello.

Sin embargo, todo cambia con rapidez, igual que lo hace la arena en la orilla del mar, que es rápidamente cubierta por más arena traída por las olas.

No dejes que te afecte tu pasado, ya que todo es pasajero.

Reflexión psicológica

Pongamos el ejemplo de una persona que da demasiada importancia a agradar a los demás. Le preocupa que piensen mal de él o ella y se esfuerza demasiado en gustar, se sacrifica a sí mismo/a y deja de ser fiel a sus valores. Al final de su vida se da cuenta de que no ha vivido su propia vida, sino la de otros, y que ese sacrificio no mereció la pena.

Marco Aurelio nos recuerda lo efímero o pasajero que es todo en esta vida. Mientras la opinión de los demás dura muy poco —como algo escrito sobre la arena—, cuidar tus valores y tu consciencia es algo duradero, como escribir sobre una roca.

¿Durante cuánto tiempo quieres perseguir la gloria, la fama, el estatus, el poder, etc., sacrificando tu paz y tu dignidad?

35

Depende solo de ti

Pregunta/comentario de un buscador

A veces me dejo manipular por los demás porque no tengo el valor de decir que no.

Respuesta de Marco Aurelio (V-X)

Estos dos pensamientos pueden tranquilizarte:

- No te sucederá nada que no esté predestinado y que no deba suceder, según el orden del universo.
- Nadie te puede obligar a hacer algo en contra de tus valores o de tu dios interior. Tú decides siempre lo que haces.

Reflexión psicológica

¿Puede alguien conseguir que te seas infiel a ti mismo/a, a tus principios y a tus virtudes, y que dejes de escuchar a tu alma sin tu consentimiento?

Depende solo de ti no pensar, hablar ni actuar contra ti mismo/a.

36

La introspección

Pregunta/comentario de un buscador
¿Qué puedo hacer cuando los problemas cotidianos (laborales, familiares, sentimentales, etc.) no me permiten nunca recargar mis energías? Estoy siempre agotado/a y angustiado/a.

Respuesta de Marco Aurelio (VI-XII)
Puedes tomártelo con filosofía. Si tuvieras una madrastra y a tu madre real, respetarías a la primera, pero estarías más a gusto con la segunda. Ocurre lo mismo con las actividades mundanas y la filosofía. Descansa siempre en los brazos de la verdadera filosofía y vuelve siempre a ella. Gracias a ella te será más fácil sobrellevar la actividad mundanal y sus problemas.

Reflexión psicológica
Incluso Superman acudía a un lugar de reposo donde

recargaba las fuerzas y se comunicaba con su padre. En estos tiempos modernos, puedes practicar la meditación y otros ejercicios introspectivos que facilitan que el cerebro y el cuerpo se recuperen alcanzando niveles óptimos mediante un intencionado reposo. También existen filosofías o maneras de percibir el mundo que te pueden ayudar a desdramatizar las situaciones y vivir mejor. Es muy probable que Marco Aurelio llevara a cabo ambas prácticas.

Y tú, ¿cómo recargas tus pilas?

37

Todo tiene su gracia

Pregunta/comentario de un buscador
Este mundo va cada vez a peor.

Respuesta de Marco Aurelio (III-II)
Puede ayudarte recordar que incluso aquello que te disgusta de la naturaleza o de la vida, y todo lo que te sucede, encierra cierta belleza. Todo lo que ocurre tiene su propio encanto para quien sabe apreciarlo.

Reflexión psicológica
Una flor artificial puede ser muy estética y bella, pero cuando te acercas a olerla descubres que no tiene el perfume que caracteriza a una auténtica flor natural. Del mismo modo, te puedes preguntar a ti mismo: ¿quién soy yo?, ¿sabría encontrar aquello en mí que tiene gracia y encanto?, ¿sabría encontrarlo en los demás y en la vida?

Si el Creador es perfecto, su creación y todo lo que ocurra en ella debe serlo también. ¿Quiénes somos para decir que no es así?

38

El perdón

Pregunta/comentario de un buscador
Me cuesta perdonar.

Respuesta de Marco Aurelio (IV-III)
Todos los seres racionales tienen que soportarse los unos a los otros si quieren ser bondadosos y justos.

Ten en cuenta que mucha gente, tras enemistarse con otros, tener sospechas, odios y guerra, hoy ya está en la tumba y no es más que cenizas.

La vida es breve, deja de enfadarte.

Reflexión psicológica
Puesto que la vida es corta y pasa muy rápido, ¿cuánto tiempo quieres seguir guardando rencor hacia algunas personas? ¿Quién sufre más con ese rencor, tú o la otra persona?

Cuando estás enfadado, perdonar es el único remedio. Cuando perdonas sinceramente, la primera persona que se beneficia eres tú al liberarte de un peso. Podemos perdonar a otras personas, a nosotros mismos, a la vida, a una empresa con la que estamos enfadados, etc. El perdón no tiene límites.

Si el perdón es tan beneficioso para tus emociones y tu mente, ¿por qué no lo intentas y lo practicas con más frecuencia? ¿Hay alguien o algo en tu vida que deberías perdonar? ¿Cómo te sentirías si lo hicieras?

39

Las opiniones ajenas

Pregunta/comentario de un buscador

Tengo que admitir que me gusta el cotilleo, quiero saber lo que pasa en la vida de los demás y a veces me descubro a mí mismo/a criticando a otros.

Respuesta de Marco Aurelio (IV-XVIII)

Cuánto tiempo libre gana aquel que no mira lo que dice, hace o piensa el otro, sino solo lo que hace él mismo.

Lo que no te guste de los demás, mejóralo en tus propias acciones.

Reflexión psicológica

¿Cuánto tiempo y energía ganarías si hicieras menos caso a los demás? Deja de pensar en qué opinan otros, y preocúpate de ser una buena persona con valores y virtudes.

Si te interesa tu crecimiento personal, lo que no te guste de los demás mejóralo en ti mismo. Pregúntate: «¿Qué puedo mejorar esta semana en mí que no me gusta en los demás?».

40

No te desvíes del camino

Pregunta/comentario de un buscador
Cuando percibo que otros dudan de mí, de mis habilidades y de mis fortalezas, con frecuencia pierdo motivación y me bloqueo ante una meta que me propongo.

Respuesta de Marco Aurelio (IV-XVIII)
No mires a tu alrededor, sino corre en línea recta y sin deambular. De ese modo, te será más sencillo alcanzar tus metas.

Reflexión psicológica
En vez de juzgar a otros, obsérvate a ti mismo. Acostúmbrate a centrarte en tus propias fortalezas en lugar de hacerlo en las debilidades de los demás. Nadie va a ganar una guerra desde su debilidad, sino desde su poder.

Aquellos que dicen que no se puede conseguir algo no deberían interrumpir a quienes ya lo están haciendo. Si sabes que estás logrando algo bueno, ¿por qué dejar que quienes no creen en ello te desanimen?

Siempre que persigas una meta, encontrarás barreras que traten de detenerte o distraerte, o gente que te criticará en el camino. Una buena descripción de los obstáculos es pensar que esos obstáculos son lo que vemos cuando apartamos la vista de nuestra meta.

Si te distraes, date cuenta de ello y acéptalo: «Me he distraído». A continuación, autoequilíbrate: redirige de nuevo tu atención, tus pensamientos, tus emociones y tus acciones hacia el camino que te llevará a un buen puerto en la vida.

41

Ten tu propio criterio

Pregunta/comentario de un buscador
A veces, cuando estoy con mi familia, dudo sobre si es mejor adaptarme y crear ambiente de armonía, o decir y hacer lo que considero correcto y llevarles la contraria.

Respuesta de Marco Aurelio (IV-XLVI)
Puedes respetar a tu familia y, al mismo tiempo, ser consciente de que no debes seguir ciegamente sus opiniones perjudiciales y negativas solo «por ser familiares». Tampoco es bueno que justifiques tus malas acciones indicando que «así te han educado».

Eres responsable de tus actos, tienes el poder de elegir.

Reflexión psicológica
¿A veces haces algo solo porque «siempre se ha he-

cho así», o repites palabras de otros sin pensar si esas palabras o acciones reflejan la verdad?

Marco Aurelio nos anima a tener nuestro propio criterio. Debemos escuchar a los demás y evaluar lo que dicen, pero no seguir sus opiniones y consejos ciegamente.

Piensa en algo que solían decir mucho tus padres u otras personas cercanas a ti durante tu infancia. La mente de un niño es como una esponja que absorbe todo lo que ve y escucha. A veces, copiamos a los demás sin darnos cuenta porque nos hemos acostumbrado. ¿Hay algo que has «adoptado» de la gente que te rodea y que, en realidad, no deberías pensar o dejar que te haga actuar de una determinada manera?

42

Buscar aplausos y temer críticas

Pregunta/comentario de un buscador
Cuando no consigo éxito en la vida ni la aprobación de los demás, me siento inútil y fracasado.

Respuesta de Marco Aurelio (VIII-LII)
Existe gente muy perdida en esta vida. Hay personas que no saben cuál es el verdadero propósito del ser humano ni comprenden cómo funciona este mundo o dónde están realmente; ni tan siquiera se lo plantean.

¿Acaso tiene sentido buscar la aprobación de gente superficial y perdida?

Reflexión psicológica
¿Qué sentido tiene buscar aplausos o temer críticas de personas superficiales que no se interesan por entender los misterios de la vida, que no saben nada de

la existencia y que tampoco tienen un propósito virtuoso en su propia vida?

Es fácil hacer y decir lo que les gusta a los demás y, de ese modo, recibir «aplausos». Pero esto no te hará feliz a largo plazo. No solo porque no siempre puedes gustar a todos, sino porque la felicidad verdadera y duradera no depende de nadie más que de ti mismo/a.

¿Buscas la aprobación de alguien? ¿Qué pasa si haces lo que te parece correcto, independientemente de lo que piense esa persona? ¿Cómo te sentirías?

43

Buscar la verdad

Pregunta/comentario de un buscador
¿Qué es mejor: que te digan la verdad aunque sea dolorosa o que te ofrezcan una mentira piadosa para que no sufras? ¿Y qué pasa con la crítica constructiva?

Respuesta de Marco Aurelio (VI-XXI)
Soy un buscador de la verdad y pienso que la verdad nunca le ha hecho daño a nadie. Lo que nos perjudica es permanecer en el autoengaño y la ignorancia.

Y si alguien critica mi conducta porque me he desviado de la verdad y trata de ayudarme a rectificar, lo aceptaré sin problemas.

Reflexión psicológica
Todos tenemos la capacidad del discernimiento para poder elegir cómo reaccionamos, cómo pensamos de

manera intencionada y qué decisiones tomamos ante las distintas situaciones de la vida.

En muchas ocasiones, estas situaciones son críticas ajenas. Nosotros podemos elegir cómo reaccionamos ante una crítica: nos enfadamos y nos dejamos llevar por el orgullo, o contemplamos qué hay de razón en esa crítica que nos puede ayudar a crecer. Al final, como dijo Buda, aunque alguien te ofrezca muchos platos, tú elegirás cuál te comes y cuál dejas. La crítica es algo similar.

¿Te acuerdas de alguna crítica que te haya ayudado a corregir o mejorar algo? ¿En alguna ocasión has tenido que apartar alguna crítica como un plato que decides no comerte? ¿Cuál y por qué?

44

Los cambios en la vida

Pregunta/comentario de un buscador
Tengo miedo al cambio. Estoy cómodo/a con mi situación actual y quiero que todo permanezca así.

Respuesta de Marco Aurelio (VII-XVIII)
¿Por qué te preocupa el cambio? ¿Acaso se puede producir algo sin que haya un cambio?

Observa los cambios en la naturaleza. Es imposible encender el fuego sin la transformación de la leña. Para que tu cuerpo pueda digerir algo, antes debes transformar tus alimentos. ¿Puede tener lugar un proceso vital sin que cambie algo?

Para la naturaleza y la vida los cambios son necesarios e inevitables. Lo mismo se aplica al ser humano.

Reflexión psicológica
Como dice Heráclito, el cambio es la única constante.

Todo en este mundo está cambiando constantemente. Mientras estás leyendo esto, en tu cuerpo están ocurriendo muchísimos cambios; porque si no hay cambio, no hay vida.

¿Qué cosas buenas de tu vida han cambiado de manera que, solo gracias a esos cambios que temías en el pasado, puedes disfrutar ahora de algo mucho mejor?

45

Tu granito de arena

Pregunta/comentario de un buscador

Siento que no avanzo en mi vida, por mucho que me esfuerce no noto ningún progreso importante. ¿Cómo no voy a frustrarme?

Respuesta de Marco Aurelio (IX-XXIX)

Lo que puedes hacer es limitarte a lo que la naturaleza te exige en cada instante. No pienses que vas a crear un gran imperio como la república de Platón. Haz lo que tengas que hacer y punto, sin distraerte comparándote o mirando a tu alrededor.

Siéntete satisfecho/a incluso con el más mínimo progreso, y considera que el resultado de ese progreso no es poca cosa.

Reflexión psicológica

No vas a cambiar el mundo, no vas a establecer la

justicia suprema ni vas a convencer a otros de que vean el mundo con tus ojos. Pero si puedes aportar tu granito de arena para mejorar a un ser humano, ¿por qué no hacerlo?

¿Qué oportunidades tienes y no aprovechas para ayudar a mejorar la existencia de los demás?

46

No pidas lo imposible

Pregunta/comentario de un buscador
Si todos fuéramos buenas personas, no habría problemas en el mundo. Pero, hoy en día, a la gente solo le interesa descubrir cómo puede aprovecharse de ti. Vivimos en una sociedad muy egoísta.

Respuesta de Marco Aurelio (IX-XLII)
Si te encuentras con alguien deshonesto o sin valores, pregúntate a ti mismo/a: ¿es posible que no haya gente malvada en este mundo? No es posible. Entonces, no pidas lo imposible. Puedes recordarte a ti mismo/a esta frase: «Esta es una de esas personas deshonestas que necesariamente tienen que existir en el mundo».

Reflexión psicológica
Si aceptas que hay gente ignorante en el mundo, ¿por qué te sorprende encontrarte con una persona así?

¿Crees que eres tan especial que nunca se te acercará gente rara o con malas intenciones?

Siempre es bueno ajustar tus expectativas a la realidad.

Siempre tienes el poder de elegir cómo reaccionas a lo que la realidad te presenta.

47

Lo que importa es tu actitud

Pregunta/comentario de un buscador

Soy un/a perdedor/a, no levanto cabeza. Me han despedido del trabajo. ¿Qué voy a hacer ahora con mi vida?

Respuesta de Marco Aurelio (IV-XLIX)

Cuando te pasa una desgracia y te quejas por ello, ¿esa situación te impide ser honesto/a, auténtico/a, bondadoso/a, humilde, tener esperanza, confianza y todas las virtudes que forman parte de la naturaleza del ser humano?

Cada vez que estés disgustado/a, recuerda: tener que pasar por una situación incómoda no es una desgracia, pero tomártela con filosofía es una virtud.

Reflexión psicológica

No puedes decidir lo que te ocurre, pero sí puedes decidir la actitud que tienes al respecto. ¿Pueden los acontecimientos externos impedirte mantener una actitud positiva?

Piensa en alguien que ha tenido que soportar alguna desgracia y, a pesar de ello, ha sabido mantenerse positivo/a. ¿Qué puedes aprender de esa persona?

48

Vuelve al camino correcto

Pregunta/comentario de un buscador
He cometido un error y me siento muy culpable por ello.

Respuesta de Marco Aurelio (V-IX)
No te disgustes, ni abandones ni te desanimes si te has desviado del buen camino. Cuando fracases, aprende de tus errores y vuelve al camino adecuado. Podrás sentirte satisfecho/a si consigues que tus acciones sean dignas de una buena persona.

Aprende a amar los principios y las acciones que te hacen ser una buena persona. Y vuelve a ello cada vez que te desvíes.

Reflexión psicológica
No te sientas mal si alguna vez te apartas del camino correcto siempre que vuelvas a él. Tal vez eso es nece-

sario para que aprendas la importancia de seguir actuando según tus buenos principios.

¿Alguna vez cometiste un error que te ayudó a ser mejor persona, tal vez una persona más humilde, comprensiva y compasiva?

¿Cómo puedes encontrarte a ti mismo/a si no te sientes perdido/a?

49

Nada dura para siempre

Pregunta/comentario de un buscador

Estoy atravesando una mala época. No sé cuánto tiempo durará y necesito un mensaje que me anime un poco.

Respuesta de Marco Aurelio (V-XXIII)

Recuerda que todo pasa y desaparece con gran rapidez en este mundo.

Todo cambia constantemente de manera infinita, como un río que no deja de fluir, incluso las cosas que nos preocupan o disgustan.

Ten paciencia y verás cómo lo que te disgusta desaparece y cambia, del mismo modo que lo hace todo lo demás.

Reflexión psicológica

Si nada dura para siempre, ¿qué sentido tiene preocuparse tanto? Piensa en algo referente a tus preocupaciones pasadas y en cómo se resolvió, y qué sientes sobre ello ahora. ¿Valía la pena preocuparse tanto?

Lo que te preocupa hoy ¿qué importancia tendrá dentro de cinco años? ¿Y de diez años? Si no tendrá mucha importancia, ¿no es mejor que te dediques hoy a lo que seguirá siendo relevante con el paso del tiempo?

50

Dar sin recibir nada a cambio

Pregunta/comentario de un buscador

Es muy triste cuando haces algo por alguien y rápidamente esa persona lo olvida y luego no se acuerda de ti ni trata de devolverte el favor en el futuro. ¿Por qué ayudar a la gente si luego es tan egoísta?

Respuesta de Marco Aurelio (V-VI)

Cuando hagas un favor a alguien, no estés pendiente de cualquier oportunidad para que te devuelvan ese favor ni pienses que esa persona te debe algo.

Mejor actúa como la viña que no espera nada a cambio de producir uva, el caballo a cambio de correr, el perro por olfatear a la presa o la abeja por fabricar miel.

Ser una buena persona forma parte de tu naturaleza humana, no busques un intercambio de favores.

Reflexión psicológica

Estamos acostumbrados a que nada sea gratis en esta vida, a que un favor tiene que ser pagado con otro. Hemos olvidado el placer que conlleva hacer algo por otro ser humano sin exigir nada a cambio, hacerlo solo porque tenemos un buen corazón y la voluntad de ayudar.

¿Cuándo fue la última vez que hiciste algo por otra persona sin esperar nada a cambio y sin pensar que le hiciste un gran favor a esa persona?

¿Cuáles son los frutos que das a los demás? ¿A quién puedes empezar a ayudar desde hoy con tus acciones si así lo decides?

51

La compasión

Pregunta/comentario de un buscador
Hay personas que se han portado muy mal conmigo y no se merecen que las perdone.

Respuesta de Marco Aurelio (VII-XXII)
Como ser humano puedes perdonar y sentir afecto incluso hacia quienes te ofenden. Piensa que todos somos humanos, y los que actúan mal lo hacen porque su ignorancia les impide hacer un buen uso de su voluntad. La vida es corta y dentro de poco todos habremos desaparecido de este mundo. Además, reflexiona: en realidad nadie te ha hecho ningún daño, porque nadie puede empeorar tus principios y valores, ya que esos principios y valores dependen de ti.

Reflexión psicológica
Si un niño actúa contra nosotros, probablemente no

nos lo tomaremos mal porque actúa por falta de entendimiento. Lo mismo podemos pensar de nuestros familiares y seres queridos, aunque nos cueste. Sin embargo, ¿qué pasa si mantenemos la misma actitud con todas las personas del mundo? ¿Qué pasa en nuestro interior cuando aceptamos la maldad de otros, aprendemos a no ser sus víctimas y, aun así, elegimos perdonar su ignorancia?

La compasión no significa estar ciego, sino amar a pesar de ver todo lo malo que nos rodea. Como dijo una mujer de la que habían abusado repetidas veces: «Pueden golpear y violar mi cuerpo, pero no podrán dañar mi alma sin mi consentimiento».

52

Conseguir lo imposible

Pregunta/comentario de un buscador

No consigo nada de lo que me propongo. Ni dejar de fumar ni conseguir un ascenso en el trabajo ni encontrar una buena pareja... ¿Será mi destino?

Respuesta de Marco Aurelio (VI-XIX)

No creas que si algo te exige mucho esfuerzo es imposible de conseguir. Si algo es posible para otro ser humano, también está a tu alcance.

Mejor piensa: «Si alguien con una mente humana ha conseguido hacer y entender esto, yo también podré».

Reflexión psicológica

¿Alguna vez hiciste algo que considerabas imposible de hacer o conseguir? Cuando algo te cuesta mucho, o crees que es imposible, ¿utilizas modelos de personas que lograron eso que tú anhelas para inspirarte? ¿Intentas realmente comprender cómo lo han hecho otros para poder lograrlo tú también?

Para ser maestro, antes es necesario ser un buen aprendiz.

53

Las buenas influencias

Pregunta/comentario de un buscador
¿Cómo puedo mejorar mis relaciones con los demás?

Respuesta de Marco Aurelio (VI-XLVIII)
Piensa con frecuencia en las cualidades de quienes te rodean: la energía de este, la discreción del otro o la generosidad de un tercero.

Date cuenta de que nada nos alegra y contenta tanto como apreciar las virtudes de las personas cercanas.

Reflexión psicológica
Somos seres influenciables. Lo que nos impresiona nos influye sobre cómo vemos el mundo, y cómo vemos el mundo influye en cómo nos sentimos. Nuestras emociones influyen en lo que hacemos y en los resultados que obtenemos.

¿Por qué, entonces, no dejarnos influir por las buenas cualidades de las personas que nos rodean?

¿A qué personas te expones con frecuencia? ¿Son una buena influencia para ti? Observa tu contenido mental y encontrarás la respuesta.

54

Las fortunas y las desgracias

Pregunta/comentario de un buscador
¿Por qué me pasa esto a mí? ¿Por qué ahora?

Respuesta de Marco Aurelio (XII-XIII)
Es extraño, y a veces ridículo, ver cómo alguien se sorprende ante cualquiera de los acontecimientos de la vida.

Reflexión psicológica
No nos sorprende ver las fortunas y las desgracias ajenas, pero nos asombra cuando nos ocurren a nosotros. Sin embargo, casi todo lo que les pasa a los demás te puede pasar también a ti, ¿o crees que eres tan especial que a ti nunca te puede pasar nada desagradable, aunque eso le ocurra a todo el mundo en este proceso de aprendizaje llamado vida?

55

Los demás no deciden por ti

Pregunta/comentario de un buscador
Me encuentro en una situación que me causa mucho estrés y no sé si seguir luchando y aguantando o bien buscar un cambio. Algunos me aconsejan una cosa, otros otra, y no sé qué decisión tomar.

Respuesta de Marco Aurelio (V-XXIX)
Pues si hay un incendio grave, a veces, es necesario salir de ahí. ¿Por qué te iba a importar salir de dicha situación? Mientras estés vivo/a seguirás siendo libre y nadie podrá impedirte hacer lo que consideres correcto.

Reflexión psicológica
Si la vida te obliga a dejar o cambiar algo, que así sea. Pero si no hay ningún motivo para ello, no dejes que los otros decidan por ti. Eres tú quien está en esa si-

tuación, entonces, ¿quién, sino tú, debería llevar las riendas?

Eres el/la CEO de tu propia vida ☺.

56

Tu felicidad depende de ti

Pregunta/comentario de un buscador
¿Cómo puedo tener buena suerte?

Respuesta de Marco Aurelio (V-XXXVI)
Ser afortunado/a es tener buenas inclinaciones del alma, buenos impulsos y buenas acciones. Dicho de otro modo: pensar bien, hablar bien y practicar buenas acciones. Todo lo indicado está en tus manos y mejorará tu buena suerte.

Reflexión psicológica
Tu felicidad depende de ti, de tu mentalidad positiva y de tus elecciones. Solo tú puedes crear algo realmente bueno para ti en tu propia vida. La buena suerte es la suerte que depende de ti. ¿Qué es lo que elegirás para ser más feliz aquí y ahora?

57

¿Quién domina tu estado de ánimo?

Pregunta/comentario de un buscador
¿Qué es mejor: ser auténtico y parecer agresivo por ello, o esforzarme por agradar a los demás a riesgo de convertirme en una persona sumisa?

Respuesta de Marco Aurelio (XI-XVIII)
Debes evitar enfadarte con los demás y evitar alabarlos. Ambas actitudes son malas para la convivencia en sociedad, y ambas pueden hacerte daño. Trata de ser auténtico/a y fiel a ti mismo/a y no dejes que los demás perturben tu paz mental.

Reflexión psicológica
La obsesión por los demás crea dependencia emocional: si dejas que te hagan daño, te entristecerás o te enfadarás; y si dejas que te admiren, tu ego y tu orgullo crecerán. De ese modo, tu estado de ánimo se en-

contrará en una interminable montaña rusa, siempre dependiente de los demás.

¿Hay alguien en tu vida que con frecuencia domina tu estado de ánimo? ¿Cómo puedes poner en dicha situación más equilibrio para que no te robe tu paz interior?

58

Beber agua salada

Pregunta/comentario de un buscador
¿Qué opinas de la gente que piensa que la vida es solo para disfrutarla?

Respuesta de Marco Aurelio (VI-XXXIV)
Es necesario el equilibrio, ya que disfrutar de placeres sin límite es característico de ladrones, libertinos, parricidas y tiranos.

Reflexión psicológica
Dejarte llevar por los placeres es como beber agua salada: cuanto más bebas, más sed tendrás. La mente y el cuerpo nunca quedarán satisfechos, así que lo mejor es conseguir un equilibrio saludable.

¿Hay algún placer en tu vida que te esclaviza? ¿Qué puedes hacer para mejorar la situación?

59

¿Cuál es tu propósito?

Pregunta/comentario de un buscador
En el poco tiempo libre que me queda, intento divertirme y relajarme. No tengo tiempo para pensar en el propósito de la vida o en otras cuestiones profundas.

Respuesta de Marco Aurelio (VIII-XIX)
Todo en este mundo tiene un propósito. ¿Crees que el ser humano nace solo para trabajar y divertirse?

Reflexión psicológica
Muchas veces vivimos el día a día, atrapados en nuestras rutinas diarias, nuestras obligaciones y nuestros placeres. Y así vivimos semana tras semana, año tras año. Pocas veces nos paramos a pensar en el sentido de nuestras vidas, en por qué estamos aquí.

¿Cuál es el propósito de tu vida? Aunque pueda ser una cuestión difícil de responder, ¿no vale la pena al menos pensar en ello?

60

Aceptar lo que venga

Pregunta/comentario de un buscador

La vida es muy dura. Un día lo tienes todo, otro día lo pierdes todo. ¿Cómo puedo vivir en medio de la incertidumbre y la inestabilidad que hay en el mundo?

Respuesta de Marco Aurelio (X-XIV)

Si desarrollas humildad y educas tu mente como lo hace un buen filósofo, dirás al destino: «Dame lo que quieras y quítame lo que te plazca». No lo dirás como un desafío, sino que tu madurez te hará cooperar con lo inevitable y te ayudará a tener fe en la vida.

Reflexión psicológica

Si le pedimos algo a la vida y nos lo concede, estaremos felices. Si no nos lo da, estaremos tristes. ¿Esto es la felicidad verdadera? ¿No será mejor no pedir nada y aceptar lo que venga y lo que se vaya con gratitud?

61

¿A qué te apegas?

Pregunta/comentario de un buscador

Sufro de ansiedad porque soy muy materialista. ¿Cómo podría desarrollar un mayor grado de desapego?

Respuesta de Marco Aurelio (VII-XXVII)

Compórtate con lo que no tienes como si no existiera. Valora mejor lo que posees: observa todas las cosas que ya tienes y piensa en cuánto las desearías si no las tuvieras. Y trata de no disfrutar demasiado de tus posesiones para evitar sobrevalorarlas y sentirte una persona desgraciada si alguna vez las llegas a perder.

Reflexión psicológica

Nuestra mente funciona por apego. Según el psicólogo cognitivo Walter Riso: «El apego es una vinculación mental y emocional (generalmente obsesiva) a objetos, personas, actividades, ideas o sentimientos, originada en la creencia irracional de que ese vínculo proveerá, de manera única y permanente, placer, seguridad o autorrealización».

Cuanto más te apegas a algo, más difícil será desapegarte de ello. Analiza tus apegos: ¿a quién o a qué en tu vida estás demasiado «enganchado»?, ¿existe algo a que te puedas aferrar y que no sea perecedero?

62

Que no te domine la cólera

Pregunta/comentario de un buscador

A veces es necesario enfadarse. Si no te enfadas, los demás no te toman en serio.

Respuesta de Marco Aurelio (XI-XVIII)

Cuando sientas que comienzas a dejarte llevar por la ira, recuerda que es indigno de ti enfadarte. Son la paciencia y la amabilidad las que definen al ser humano. Una persona con paciencia y amabilidad tiene verdadera fuerza, agallas y empuje. Alguien que se indigna y que muestra desagrado no es realmente fuerte.

Reflexión psicológica

Como dice Buda, aferrarse a la ira es como agarrar un carbón caliente con la intención de tirárselo a otra persona; al final será uno mismo quien se queme.

¿Alguna vez has conseguido algo en tu vida actuando con cólera o impaciencia? Y si la respuesta es «sí», ¿valió la pena actuar así?

Marco Aurelio nos anima a que no nos dejemos arrastrar por las emociones negativas. El precio que pagamos por sentirnos así y el precio que tienen que pagar otros por aguantarnos son demasiado altos.

63

La importancia de las cosas

Pregunta/comentario de un buscador

¿Cómo puedo gestionar mejor mi tiempo? ¿A qué actividades debería dedicarles menos tiempo y a cuáles más?

Respuesta de Marco Aurelio (IV-XXXII)

El primer paso es decidir qué es lo más importante para ti. Cuando sabes cuáles son tus prioridades, le prestas a cada cosa la atención que se merece. Y, de ese modo, al final del día no te arrepientes de haber prestado demasiada atención a cosas sin importancia.

Reflexión psicológica

No les des más importancia a las cosas, personas y acontecimientos de la que realmente tienen. Al contrario, ¿hay algo en tu vida que merece más tiempo y dedicación por tu parte y que estás dejando de lado por obsesionarte con cosas banales?

64

Sentirse bien aquí y ahora

Pregunta/comentario de un buscador

¿Qué me recomiendas para desconectar del estrés y relajarme? ¿Me voy a la montaña, doy un paseo o hago un retiro?

Respuesta de Marco Aurelio (IV-III)

Muchas personas buscan relajarse en el campo, en la costa y en las montañas. Pero irte lejos no tiene sentido, ya que puedes retirarte hacia tu interior cuando quieras. No podrás encontrar tanta serenidad en ningún otro lugar como en tu propia alma.

Reflexión psicológica

Si no estás bien contigo mismo, puedes estar en cualquier paraíso de la Tierra y seguirás no estando bien. Pero si eres feliz, ¿qué importa dónde te encuentres?

65

Practica lo que te cuesta

Pregunta/comentario de un buscador
A veces pienso que con las circunstancias actuales es imposible seguir adelante, que debería «tirar la toalla».

Respuesta de Marco Aurelio (XII-VI)
Si una tarea te parece imposible, dedica más tiempo a su práctica. Incluso la mano izquierda, que es perezosa para muchas tareas, es capaz de realizarlas cuando practica.

Reflexión psicológica
¿Qué es lo que considerabas imposible de hacer o de lograr hasta que con la práctica continua lo conseguiste? Piensa en un niño y en todas las etapas de aprendizaje que tiene que atravesar. El niño no piensa «es imposible caminar», lo intenta tantas veces como sea necesario hasta que por fin camina.

66

Acepta con los brazos abiertos

Pregunta/comentario de un buscador

¿Qué debería pensar o hacer cuando intento controlar lo que no puedo controlar?

Respuesta de Marco Aurelio (X-XXXV)

Si un ojo está sano, ve todo lo que es posible ver y no dice: «Me gustaría ver solo las cosas verdes». Eso sería propio de un ojo enfermo.

Del mismo modo, una mente sana está preparada para cualquier cosa. Si tu mente esperara que todo lo que experimentases fueran solo cosas buenas, sería como el ojo insano que solo quiere ver lo verde.

Reflexión psicológica

Si un ojo pudiera tener gustos y preferencias, inevitablemente sufriría cada vez que viera algo que no fuera de su agrado. Nuestra mente tiene esa capacidad de discernir y juzgar; por lo tanto, sufre.

¿Cómo cambiaría tu bienestar si pudieras tener siempre una actitud positiva y aceptar con los brazos abiertos todo lo que ocurre en tu vida?

67

Mírate primero a ti mismo/a

Pregunta/comentario de un buscador
¿Debo ayudar a los demás a mejorar sus defectos?

Respuesta de Marco Aurelio (VII-LXXI)
La persona madura se centra en sus propias áreas de mejora, no en las de los demás.

Es posible observar tu propia debilidad y mejorarla, porque depende de ti. Pero es absurdo esperar que desaparezcan las debilidades y los defectos de los demás, ya que eso no depende de ti.

Reflexión psicológica
Muchas veces vemos con más claridad las faltas de los otros que las propias. Marco Aurelio nos hace mirarnos en el espejo, reconocer nuestra propia «maldad» (todo lo malo que proviene de nosotros y que podemos evitar) e intentar mejorar. Debemos enfocar

nuestros esfuerzos en ser mejores personas, en vez de juzgar a los demás e intentar que cambien ellos.

No te puedes apartar de lo que te venga de fuera, pero sí puedes mejorar lo que te viene de dentro, lo que genera tu mente. En vez de luchar contra el «mal» que percibes por parte de los demás, ¿qué tal si luchas para ser un buen ejemplo para ellos?

68

Hazlo lo mejor que puedas

Pregunta/comentario de un buscador

Estoy en una situación en la que lo único que puedo hacer es dejarme llevar y seguir adelante como sea.

¿Qué podría pensar para no sentir tanta impotencia?

Respuesta de Marco Aurelio (VII-LIII)

Si Dios y el destino te ponen en unas circunstancias que no puedes cambiar, pero tú actúas del mejor modo posible con lo que tienes y donde te encuentras, entonces no tengas miedo de nada.

Reflexión psicológica

Hazlo siempre lo mejor que puedas. Contempla las opciones y la información que tienes en un momento dado, y toma la decisión que te parezca mejor y que se acomode con tus valores. Es mejor dejar las consecuencias de tus actos o decisiones en manos de «los dioses».

¿Por qué preocuparte del resultado si este no depende de ti?

69

No es tan grave como parece

Pregunta/comentario de un buscador
Tengo miedo del futuro.

Respuesta de Marco Aurelio (VIII-XXXVI)
Recuerda que el pasado y el futuro no tienen poder sobre ti.

En lugar de pensar en las cosas negativas que te pueden llegar a suceder, céntrate en tu situación actual y pregúntate: ¿en este mismo instante, aquí y ahora, tengo algún problema tan grave que no pueda gestionar? Verás que el presente siempre es más manejable.

Reflexión psicológica
Muchas veces sufrimos por lo que pertenece al pasado o por lo que nunca vendrá. Si nos centramos solo en el momento presente, tal vez nos demos cuenta de que no hay nada tan grave que no se pueda soportar.

Intenta pensar en algún acontecimiento pasado que parecía más grave de lo que finalmente fue. ¿Cómo te sientes ahora al pensar en ello? ¿Qué hay en tu vida aquí y ahora que tal vez no sea tan grave como parece?

70

Acepta ayuda

Pregunta/comentario de un buscador
¿Por qué me resulta tan vergonzoso pedir ayuda?

Respuesta de Marco Aurelio (VII-VII)
No te avergüences de pedir ayuda. Imagina que eres un soldado con una misión por cumplir. ¿Abandonarías tu misión si estás herido y cojeando y no puedes cumplirla? ¿O pedirás ayuda a un compañero si eso te ayuda a cumplir tu misión?

En muchas situaciones, pedir ayuda puede resultar lo más lógico e inteligente. No tiene sentido que te avergüences por actuar de un modo inteligente.

Reflexión psicológica
A veces tenemos que aceptar nuestros límites y saber cuándo pedir ayuda. Eso no es una debilidad, sino más bien una fortaleza.

¿Cuántas cosas en tu vida has podido lograr solo gracias a otras personas? ¿Hay algo en estos momentos de tu vida con respecto a lo cual te iría bien la ayuda de otra persona?

71

No analices en exceso

Pregunta/comentario de un buscador

No entiendo por qué tengo tan mala suerte en la vida. ¿Por qué me pasan todas esas cosas?

Respuesta de Marco Aurelio (VIII-L)

Si el pepino está amargo, tíralo. Si hay espinos en el camino, esquívalos. Intenta ser práctico. Si hay algo que puedas evitar, evítalo. Lo que no puedes cambiar, acéptalo y no preguntes: «¿Por qué pasan estas cosas en el mundo?».

Reflexión psicológica

No analices las cosas en exceso, ya que eso no te llevará a ninguna parte. Hazlo lo mejor que puedas y céntrate en lo que depende de ti. Si te enfadas, te ofendes o te indignas por todo lo que crees injusto o malo en la vida, ¿cambiarán los hechos?

72

Saber pedir

Pregunta/comentario de un buscador
¿Qué debo pedirle a Dios?

Respuesta de Marco Aurelio (IX-XL)
O Dios no tiene poder ninguno, o es todopoderoso. Por lo tanto, si no tiene ningún poder, ¿por qué pedirle algo? Pero si lo tiene, ¿por qué no le ruegas más bien que te conceda no temer nada, no desear nada y no sentir pena por nada que pase, en vez de pedirle que tal cosa suceda o no suceda?

Reflexión psicológica
Si no crees en Dios, no tiene sentido que le pidas nada. Pero si crees en Él, ¿no será mejor pedirle que te dé la fuerza y la actitud positiva necesarias para superar todo lo que te suceda, en vez de pedirle que ocurra solo lo que tú deseas?

73

No vivirás para siempre

Pregunta/comentario de un buscador

¿Debo vivir pensando en la muerte o es mejor no analizar ese tema demasiado y, sencillamente, disfrutar de la vida?

Respuesta de Marco Aurelio (IV-XVII)

No actúes como si dispusieras de diez mil años para vivir. La muerte pesa sobre ti. Mientras sigas vivo/a, mientras te sea posible, procura ser un buen ser humano.

Reflexión psicológica

Bronnie Ware, una escritora australiana que trabajó durante muchos años en cuidados paliativos, hizo un resumen de los cinco arrepentimientos más frecuentes que la gente tenía en su lecho de muerte. Las personas deseaban haber tenido el coraje suficiente para hacer lo que querían hacer, haber trabajado menos, haber tenido más valor para expresar sus sentimientos, haber tenido más contacto con sus amigos y también deseaban haber sido más felices.

Subestimamos el tiempo que nos queda de vida e ignoramos la muerte como si fuera algo que solo les pasa a los demás. ¿Qué cambiarías si supieras que te queda poco tiempo de vida? ¿A qué o a quién no le estás dedicando suficiente tiempo, energía y amor? ¿Qué puedes hacer al respecto?

74

¿Para qué lo haces?

Pregunta/comentario de un buscador

Trabajo mucho y siento orgullo por ello. Me han educado para perseguir los objetivos que me proponga en la vida. Opino que el trabajo te dignifica.

Respuesta de Marco Aurelio (IX-XII)

No trabajes solo por trabajar ni para que los demás te den una palmadita en la espalda. Tienes que saber bien por qué haces lo que haces.

Reflexión psicológica

¿Trabajas las horas justas para cumplir con tu deber?, ¿trabajas para hacer un bien a la sociedad? ¿O eres de los que dedican toda su vida al trabajo con el fin de complacer a otros, ganar una promoción o porque, sencillamente, no tienes otro propósito en la vida?

Cuando te dedicas a algo, pregúntate para qué lo

haces, y si el valor y la importancia que tiene esa tarea justifica el esfuerzo que inviertes. ¿Hay algo en tu vida que merece que le dediques más o menos tiempo y energía?

75

El orgullo

Pregunta/comentario de un buscador

Tengo un trabajo importante, mucha gente depende de mí y de mis decisiones. No puedo pensar en el sentido de la vida y cuestiones similares que igualmente no tienen respuesta.

Respuesta de Marco Aurelio (VI-XIII)

El orgullo es un maestro del engaño: cuando crees que estás resolviendo el asunto más importante del mundo, te tendrá bajo su hechizo.

Reflexión psicológica

El orgullo surge cuando creemos ser más importantes de lo que somos o cuando le damos demasiada importancia a algo «nuestro» como es nuestro cuerpo, las opiniones que hemos creado, la religión que hemos elegido, nuestra casa, nuestros hijos o la profesión que hemos elegido. Pero todo eso es un engaño de nuestra mente, porque como dice un proverbio oriental: «Solo posees aquello que no puedes perder en un naufragio».

¿Qué es lo que posees tú y que no podrías perder en un naufragio? ¿Qué es tuyo realmente?

76

La pérdida

Pregunta/comentario de un buscador
¿Se puede superar el duelo de perder a un ser querido? Me resulta imposible.

Respuesta de Marco Aurelio (IX-XXXV)
La pérdida no es otra cosa que transformación.

Reflexión psicológica
Todos tenemos miedo a perder algo muy valioso para nosotros y, peor aún, a perder a alguien. El miedo a la muerte es la madre de todos los miedos. ¿Qué te puede ayudar a vencer ese miedo? ¿Quizá la fe?

Solo puedes perder algo que te pertenece. Y, como dice el proverbio oriental, solo te pertenece aquello que no puedes perder en un naufragio. Si lo piensas así, hay muy pocas cosas en la vida que puedes perder porque casi nada es realmente tuyo.

¿Hay algo en tu vida que hayas perdido, pero que, si lo piensas bien, nunca te ha pertenecido?

77

La pasividad

Pregunta/comentario de un buscador
Mejor no hacer nada que hacer algo y equivocarte.

Respuesta de Marco Aurelio (IX-V)
No hacer nada también es hacer algo. No retrases una decisión importante ni evites actuar por pensar que las cosas se resolverán solas. Muchas veces comete injusticia el que no hace nada, no solo el que hace algo.

Reflexión psicológica
A veces podemos pensar que, si no hacemos nada, no podemos cometer ningún error. Pero ¿qué pasa si ves cómo se está ahogando un niño y no haces nada?, ¿o cometes un error y no lo corriges ni reconoces tu falta?, ¿o no piensas en las consecuencias de tus actos y

haces daño a otro? Y podríamos pensar en muchos más ejemplos.

¿Alguna vez hiciste mal por no hacer, actuar o pensar en algo?

78

El apego

Pregunta/comentario de un buscador
¿Cómo puedo evitar el apego a cosas o personas?

Respuesta de Marco Aurelio (VIII-XXXIII)
Acepta con humildad, deja ir con facilidad.

Reflexión psicológica
La suerte, el azar y el destino están completamente fuera de tu control. Si tu felicidad depende de algo que no está en tus manos, tu felicidad siempre será esclava de la incertidumbre. Marco Aurelio nos dice que es mejor no apegarse a nada que la fortuna nos regale, y que tampoco nos debe dar pena cuando la suerte parece actuar en contra de nosotros.

Si tu felicidad no depende de lo que te pasa en la vida, de lo que obtienes o de lo que pierdes, sino de una fe inquebrantable en que todo tiene su propósito y todo es debido a la voluntad divina, ¿cómo podrías no ser feliz?

79

Cómo vivir una buena vida

Pregunta/comentario de un buscador
¿Si tuvieras un último consejo para darme, cuál sería?

Respuesta de Marco Aurelio (III-V)
No actúes contra tu voluntad y sin reflexionar, no hagas nada que perjudique a otros ni te dejes arrastrar por tus emociones y pensamientos. No te sientas orgulloso/a de tus palabras. Habla poco y no hagas demasiadas cosas a la vez.

Reflexión psicológica
¿Qué puedes hacer para vivir un poco más según este último consejo de Marco Aurelio?

Bibliografía

Nota de edición: las frases de Marco Aurelio han sido seleccionadas de las siguientes obras y adaptadas al lenguaje moderno para un fácil entendimiento.

Aurelio, M. (1985). *Meditaciones.* Madrid: Alianza Editorial.

Castaneda, C. (2017). *Las enseñanzas de Don Juan: Una forma yaqui de conocimiento.* Ciudad de México: Fondo de Cultura Económica.

Dolan, S. L. (2019). *Más coaching por valores.* Madrid: LID Editorial Empresarial.

Riso, W. (2013). *Guía práctica para vencer la dependencia emocional.* Bogotá: Phronesis.

Schindler, J. A. (2004). *Cómo vivir 365 días al año.* Madrid: Urano.

VV. AA. (1888). *Obras de los moralistas griegos: Mar-*

co Aurelio Teofrasto Epicteto Cebes. Madrid: Librería de la Viuda de Hernando y C.ª
Ware, B. (2013). *Los cinco mandamientos para tener una vida plena: ¿De qué no deberías arrepentirte nunca?* Barcelona: DeBolsillo (Penguin Random House).
Zavala, J. M. (2010). *Padre Pío: Los milagros desconocidos del santo de los estigmas*. Madrid: Libros Libres.

De este libro me quedo con...

Positividad sana con Marco Aurelio ha sido posible gracias al trabajo de sus autores, Jana Capri y Charan Díaz, así como de la correctora Laura Vaqué, el diseñador José Ruiz-Zarco, el equipo de Realización Planeta, la directora editorial Marcela Serras, la editora ejecutiva Rocío Carmona, la editora Ana Marhuenda, y el equipo comercial, de comunicación y marketing de Diana.

En Diana hacemos libros que fomentan el autoconocimiento e inspiran a los lectores en su propósito de vida. Si esta lectura te ha gustado, te invitamos a que la recomiendes y que así, entre todos, contribuyamos a seguir expandiendo la conciencia.